ГОРАК ВЕТАР

ГОРАК ВЕТАР

Владан Јовановић

Globland Books

ПРИЧА

Док сам је миловао очима
Говорила ми је да сам луд
И да не знам како птице лете

Узалуд сам је убеђивао
Да јој коса мирише исто
Као свеже покошена трава

Причао сам јој да је њен глас
Помешан са месечином
Прави лек за моју слатку болест

И док ми се језик расцветавао
Као ружа покисла у мају
У близини су зарежали пси

КЛУПА У ПАРКУ

Памти она кад су две сенке
Изговарајући невине речи
Размењивале грумење злата

И кад су се насмешени облаци
Изненада скроз ослепевши
Истопили у црвеном сунцу

Сећа се и кад је румени ветар
У горки загрљај црног месеца
Одувао тек окрилаћену птицу

Све су то испрале модре кише
А о изгорелим старим сновима
На клупи у парку ништа не пише

ЗВЕР

Зашто ја својим слепим песмама
Храним дивљу животињу у себи
Да би ме она секла на комадиће

Зашто та дивна лукава зверчица
Увијена као дар у украсни папир
Са уживањем ждере моја сећања

Сваку ноћ пред зору она ме буди
Да би ми уз умиљат крвав шапат
Поред снова цепала и успомене

Ах проклета страшна бела звездо
Ја знам да ми од тебе нема спаса
Јер си појела све моје зелене дане

СПОЈ

У крвавом јутру
Сипао сам белу ватру
У Њено златно око

И у том тренутку
Заспао је свемир
У нашим погледима

Једини сведок тог сна
Био је слепи урлик
Гласнији од грома

Кад се пробудио дан
Заљубљени у сунце
Славили смо ноћ

ГАЛЕБ

Са првим зрацима Сунца
Она у моје море улази

Ослепео од усијаног сна
Грлим је белим уздасима

У задњој капи плаве ноћи
Чујем одјек њеног пољупца

У слатком раном лудилу
Бројим јој завеслаје срца

Кад ми нестане из погледа
Почнем да сањам галеба

РЕВОЛТ

Убио сам се нежно
Не постојим више

Своју последњу песму
Бацио сам у канту за ђубре

На овом свету све је лаж
Крадљивац мирише цвет
Заспао у Њеној жутој коси

Сад се и снови купују
У излогу продавнице обуће
Шепуре се винске чаше

Убио сам се тихо
Не постојим више

ЉУБОМОРА

Леп плав и намирисан
Одевен у свилено одело
Одвезао ју је у Пакао

Гледајући их док одлазе
Заробљеници слепе среће
Дуго су махали за њима

Они са огладнелом птицом
Запуштеном у грудима
Нису скривали веселе сузе

Само је један нежан облак
Због помрачења сунца
Тонуо у све гушћи мрак

ПЛИВАЧИЦА

Видим је кад зажмурим
Тада постаје само моја
Ником не дам да јој приђе

Она плива у мојим мислима
Не излази ми из ушију
Пред сан ми пева успаванку

Али када отворим очи
Она се одмах пресели
На тамну страну Месеца

И тако сваког дана
И тако сваке ноћи
Ја се претварам у море

МАШТА

Она ми је ушла под кожу
И невидљива као лопов
Голица моју врелу машту

Док лежим опијен ватром
Та дивна лукава зверчица
Одводи ме на дно океана

У олупини раскошне лађе
Обасјана мирисом корала
Пуни ми уста златницима

На крају лудог сна у утроби
Већ одавно потонулог света
Пробуди ме бело усијање

ЗАГРЉАЈ

Љубио сам јој трешњу
Сакривену у жбуну
Из којег извире живот

Кад јој је проврела крв
До неба је допро крик
Који обасјава поноћ

За тим слепим урликом
Настала је рафална паљба
Од које је оглувео свет

Све се завршило тако
Што се густа бела киша
Преобразила у мед

СЛЕПАЦ

Ако останем без очију
Обуците је у црну хаљину
Да бих је јасније видео

Уз помоћ белог штапа
Ићи ћу у правцу сунца
Одавно заспалог у мени

И тако опијен маглом
Живећу у давном животу
Кад је цео дан било јутро

Ако останем без очију
Не прекидајте ми сан
О једном жутом цвету

МРАК

Јутрос ми је из лобање
Као лептирица из лутке
Излетела плава успомена

У мрежастим чарапама
Белим као багремов цвет
Пробудила ми је сећање

На дан кад је настао свет
Али не овај са црним болом
Већ онај где не вену сунцокрети

Али све је то било само сан
Убрзо се опет згуснуо мрак
У којем цветају само песме

САВЕТ

Тачно у пола осам увече
Нек сви искључе телевизор

Нек благим погледом нахране
На тераси слетелу птицу

Можда запазе неку нову звезду
Која ће им широм отворити очи

Или ће у дворишту видети децу
Која ће им измамити осмех

Тачно у пола осам увече
Нек сви избаце отров из главе

ЗЛАТНО ДОБА

Сунце се не миче са Истока
Земља је шарена равна плоча
Ванземаљци владају светом

Ред Змаја је поново у игри
Дуга је свечано скинута с неба
Левијатани су свуда око нас

Слепци носе розе одела
Крсташ барјак се опет вије
На ћошковима се пуши трава

Тако изгледа златно доба
Кад Бициклиста води коло
А тек је сишао са дрвета

МРЧАЈЕВЦИ

Ту ми је небо стало у срце
И Сунце ми се купало у крви
Ту су ми звезде озвездале очи

Ту сам први пут чуо песму
О месецу што се радује
Невиној девојачкој сузи

Ту сам осетио како ваздух
Дише на мојим длановима
Док сањам о тужној лепоти

И кад ми се сећање претвори
У тихи жубор завичајне реке
Мрчајевци ће спавати крај мене

РАСПЛЕТ

Кад се ова планета распрсне
А до тог сигурно доћи мора
У истом комаду бићемо ја и Она

И гледајући се тужно очи у очи
Помешаће нам се бујице суза
Јер не веровасмо да ће време проћи

На дну непостојећег црног мора
Весело ће се играти наша деца
Рођена само у мом плаветном сну

Али и у новонасталом животу
Опет ћемо се растати ја и Она
Јер у вечитој ноћи нема загрљаја

ЧУДНА ЗЕМЉА

Чудна је и јадна ова земља
У њој је магла скупља од речи
А језик ујуда самога себе

Сваке вечери у исто време
Најлепшу успаванку увек исту
Одсвира Виолиниста без прстију

У овој колибици од стакла
И поред свеопштег брбљања
Влада заглушујућа тишина

Овде песнике заволе тек онда
Када се претворе у камен
И кад им птице укрсе главу

УДВАРАЊЕ

Гутао сам искрцано стакло
Змија ми се смејала у утроби
Али месец је изневерио ноћ

Био сам у кавезу с лавовима
Пред њима сам глумио птицу
Крилатију од северног ветра

На крају сам без падобрана
Искочио из сопствене коже
Да наставим свој пегави сан

У хладњаку још чувам сузе
Које су давно молиле реку
Да замени мој луди крвоток

МРТВА ЉУБАВ

Понекад кад бела ноћ потраје
Као вечност покривена земљом
Пробуди ме горко сећање

На тренутке ужасне радости
Кад је моја зарђала младост
Летела за жутом голубицом

Тај лет је био само слепи сан
Који пред закаснело свануће
Озарује лице увеле лепотице

Иако је то слатка црна лаж
При сваком заласку Сунца
Претворим се у мртвог голуба

ЗГАРИШТЕ

У мојој чађавој глави
Спавају изгореле књиге
Које су некад лакирале нокте

Док су биле подневна ватра
Хладним очима су пириле
Машту уздишућег жара

Све то бејаху легла снова
Једног покислог пролећа
Којег вечно мучи несаница

На том згаришту понекад
И сада заблиста варница
Што личи на угаслу Зорњачу

СЛЕПАЦ

Змија ми се увукла у кревет
Док ми је љуштила труле јабуке
Тонуо сам у црвљиви сан

Сав њен лековити отров
Намењен остарелим костима
Изазвао ми је бело слепило

Зато сам затворених очију
Кад засветле уличне светиљке
Пролазио крај глувих лутака

Кад ми је један цвет повратио вид
Због удаљености његовог мириса
Наставила је да ме грли ноћ

ГОЛИ ЖИВОТ

Невине проститутке причају
Како су из расклиматаних кревета
Узлетале према седмом небу

Нежни повратници с ратишта
Са носталгијом се присећају
Чаробног и врелог сока од малине

Некадашњи принчеви подземља
Никада не могу да забораве
Бескрајну топлину црног сунца

Тако један разбарушени жрец
Кратковидо и наглуво стадо
Исмева и заводи за Голеш планину

ЗАНОС

Пекао сам се на немој ватри
Коју је у мом смрзнутом сећању
Распламсавао њен корак

Та жена близанкиња сунца
Једним слепим погледом
Могла је да спали цео свемир

Кад сам постао шака пепела
Зажалих што нисам феникс
Не бих ли је поново видео

Али у лудом заносу не знадох
Да и кад се човек сав запали
Очи му никада не изгоре

ВЕВЕРИЦА

Укус чоколаде са лешником
Увек ме подсети на веверицу
Која никада није постојала

Улогорила се у мојој машти
Воли да ми се пење уз језик
И да ми репом голица зубе

Она ми ноћу често крца снове
Буди ме пре него што заспим
Да би ми шапутала успаванку

Та зверка рођена у врелој крви
Слатка је омама слепих очију
Што су хтеле да летују на небу

ВАЈАРКА

Сваког јутра она извaja споменик
У облику црвеног светионика
Са главом змије на његовом врху

Кад јој се из уста узвитла ветар
Земљотрес зачет у њеној утроби
Срушиће дигнути зрак светлости

Онда ће настати глува тишина
Коју ремете само две птице
Што се купају у знојавој ватри

Тај њен уклети дар ће трајати
Док јој се крв не разводни
И док не буде спавала с каменом

ЛОВАЦ

Ја и колега Стеван Белошевац
Враћали смо се са Факултета
Уз Улицу Бориса Кидрича
И причали о Паркинсоновој болести
Док сам ја причао како она настаје
Он је хватао белешке у плавој свесци

Ноздрве нам је дражио мирис
Свеже испечених ђеврека
Из једне мале старе пекаре
Преко пута Митићеве рупе
Мимоилазиле су нас лепе Београђанке
У мини сукњама и стакленим ципелама
Са штиклама као Торањ на Авали
Занесени разговором о Паркинсону
Нисмо се освртали за њима

Много година касније
Кад се сетим свега овога
Осећам се као ловац
Који се из шуме враћа кући
С празним ранцем на леђима
И откоченом пушком у глави

РАНА

Моја рана је Жута ружа
Заливам је црним пепелом
Давно изгореле младости

Тако у сновима разбуктавам
Огањ вечитог узбуђења
Кад ми је заробила сећање

И кад сам ватру у њеном оку
Помиловао зеленим погледом
Који је мирисао на болест

Она никада неће нестати
Јер ће ме кад постанем облак
Заболети слађе него икад

МАЧКА

Сиво-бела вижљаста мачка
Као да њуши црвено злато
Лењо се гиба окупана сунцем

Она не мари за отровне бриге
Које се претећи гомилају
Испод њеног шеталишта

Нити за вреву знојаве улице
По којој се као пијани слепци
Лелујају глувонеми просјаци

Она плаћа рачун плавој завеси
И све док за то не дође време
Туговаће само кад пада киша

ЗМИЈА

Некада је била златна и
Мирисала је на пролеће
У устима је гајила звезде

Својим кикотом је лечила
Уплашеног и слепог ловца
Док је циљао у њено срце

И све је било као у бајци
А уздаси вино и пољупци
Заливали су букете цвећа

А кад јој се смрзнула крв
Није престајала да сикће
На свог смежураног голуба

ГОРАК ПОЉУБАЦ

Она га љуби затворених очију
Да не гледа како месец плаче
За одлуталом зеленом звездом

Док јој се топи црвени шећер
Она ужива срчући лимунаду
Од давно ишчупаног лимуна

Он за све то време подрхтава
Као болесник који у грозници
И бунилу на душак испија отров

Најзад кад сване око поноћи
Они се растају и као мртваци
Радују се рађању новог дана

ЦВЕТ

У мом оку још спава цвет
Заливају га мокри погледи
И понека тиха окићена реч

Некад је био лековит отров
Испијање којег је и мртваце
Водило на бели ноћни плес

Али нагажен лаким осмехом
Претворио се у рањену звезду
Осуђену на вечан румени сан

И тако као неугасиви пламен
Што мирише на полуделу крв
У мом оку још спава цвет

ПОЉУБАЦ

Две жедне црвене птице
Славно изгубише главу
У вртлогу врелога ветра

Док су летеле ка понору
На чијем дну вреба јутро
Крв им преплави крила

Не знајући да немају очи
Купаше се до задњег даха
У плавом загрљају ноћи

Кад су се напиле ватре
Црни облак им довикну
Да нису стигле до извора

УЉЕЗ

Било о чему да прича
Слушају га сви укућани

Сваки дан мења одело
Са увек истим кројем

Његов нашминкан глас
Подсећа на шећерну вуну

Када почне сезона лова
Он штекће као митраљез

Дешава се и да умукне
Али само за време олује

ЦРНА КУТИЈА

У њеној слепој празнини
Скривена од чежњивог ока
Расцветала се златна ружа

Ту спава сећање на слане
И вреле озвездане ноћи
Кад је море постајало мед

И кад су галебови плакали
Знајући да је плаво сунце
Шарени мехур од сапунице

Сад се у мраку црне кутије
Као одавно изгорели снови
Шири мирис труле успомене

ЛЕЛЕК

Док сам љубио трулу вишњу
У очима ми се сунчала јабука
Окупана сјајем пуног Месеца

Кад је ноћ достигла врхунац
Слан језик ми се претворио
У покислог лажљивог ловца

Пред зору су све беле звезде
Изгореле у леденом загрљају
И тихо заспале у пепелу јутра

Док сам љубио трулу вишњу
Тамо негде у глувој даљини
Зачуо се лелек умрлог дана

УСУД

Ушушкано белим мраком
Узалуд ишчекивано сунце
Ужива у свом непостојању

Никада се пробудити неће
Јер на срећу није ни заспало
У загрљају уморне планете

И док буде трајало слепило
У ватромету на црном небу
Светлеће две мртве звезде

А смрзнути старац и његова
Сенка довека ће сањарити
О лепоти нерођеног јагњета

СЕЋАЊЕ

Под уморним каменом
Спава усијано сећање
На давно умрло пролеће

Кад се из руменог облака
Окруженог јатом осмеха
Изливала свилена киша

И кад су се веселе сенке
Обневиделе од уздисаја
Љубиле у лету као птице

Сад понекад у белој ноћи
Насред уморног камена
Долети стара плава суза

КЛОВН

Сањам дан кад нећу
Говорити заклане речи
Упућене сјајним мртвацима

Док ме милују оштрицом ножа
И док ми намирисаним осмехом
Ремете мир невиног јутра

Стиглог ко зна с које планете
Да ми сакрије голотињу језика

Сањам дан кад нећу
Јурити за одбеглом успоменом
Која ми се кези сваке вечери
Кад седнем да напишем песму

И кад нећу као кловн у циркусу
Забављати дрогирану шуму
У којој ниједно дрво не уме да пева

БРОД

Бескрајно по бури плови
Путници су му заробљеници
Заблуде да имају очи

И да постоји острво среће
Са четири топла доба године
Где ће препланули од лепоте
Само брати голе пољупце

А не знају да су умрли
Пре него што су кренули
На кисели медени месец

И да благи јужни ветар
Никад неће одувати ватру
У којој су нежно изгорели

СЛЕПАЦ

У заблуди да неће умрети
И да му је тело од ваздуха
Весело гледа залазак сунца

У усахлој и измученој утроби
Лагано му труну будуће звезде
Које је сам осудио на смрт

Док ужива у мирису самоће
Никада неће осетити опојно
Дејство девојачког пољупца

И то слепило ће трајати
И када у вечитом мраку
Буде сањао да је прогледао

СЕЋАЊЕ НА С.Ђ.

Са двеушећерене трешње
Као распукла жута лубеница
Оковала ми је окаснелу младост

Коса јој беше као од месечине
Ту су спавале пијане звезде
И гнездиле се занемеле птице

Њен корак је скривао тајну
О пореклу проклете лепоте
Која је мучила луде мудраце

И сад кад ми је сан отрован
Као оштрица зарђалог ножа
Убија ме сећање на белу крв

ГРЕХ

Прогања ме један убијен сан
Саткан је био од румених речи
Изговорених у бунилу свануђа

Ушушканог у живу жуту свилу
И напојеног крвавим млеком
Срушило га је залеђено сунце

И у том хладном земљотресу
Праћеном немом грмљавином
Плакала је само плава тишина

Прогања ме један убијен сан
Који је био осуђен на смрт
Пре него што је отворио очи

ЕКСПЛОЗИЈА

Експлодирао сам није важно
Парчићи од мене лете ка небу
Вратиће се на земљу као киша

На местима где буду пали
Проклијаће слепи пољупци
За којима нико неће потрчати

Али ће све беле реке застати
Да се поклоне гладном сунцу
Које никад није прогледало

Експлодирао сам није важно
На тајном месту у црвеној шуми
Тихо ће певати облак пун крви

АМАНЕТ

Ако се никад не вратим
Сиђи до реке и шапни јој
Да ми је заливала снове

Ако се никад не вратим
Попни се наврх планине
И помилуј зелени облак

Ако се никад не вратим
Прими у загрљај месец
И поклони му белу ноћ

Ако се никад не вратим
Убери лепршав жути цвет
И пољуби га уместо мене

ГРОМ

Кад сам био без очију
Јурио сам за пегавим
И насмејаним сунцем

Кад сам мало прогледао
У мојој каменој башти
Појавио се зрео месец

Био је румен као осмех
Тек испрошене девојке
И једар као јутарњи сан

Али све то је само сећање
Загорчано ударом грома
При настанку овог света

ЗЕМЉОТРЕС

Кад се заталасала земља
Невидљива цигла с неба
Лупила је песника по глави

Он тек што беше провирио
Из вреле црвене пећине
У којој је гласно кључала крв

Тада насталу светлећу рану
Носио је пркосно и смело
Провлачећи се кроз трње

Док се свет освртао за њим
Ретке промрзле птице су
Песмом миловале облаке

ЗОМБИ

У очима још чувам њене сузе
Које није стигла да излије
Смејући се мојим сланим речима

Још јој љубим отиске стопала
Сачуване у крхким сновима
Као тужан накит у магли сећања

Као што заливам ишчупано дрво
Разгранато међу мртвим звездама
Утопљеним у белим несаницама

И сад кад не знам да ли сам жив
Или ходам као исцепана утвара
Каткад се деси да се пробудим

СУДБИНА

Ја никада нисам био Ја
Стално сам јео кисело воће
И мирисао труле црне руже

Увек сам пливао иза брода
И за длаку би ми фалило
Да се домогнем палубе

Кад бих стигао до богомоље
Земља би ми прогутала ноге
И заборавио бих све молитве

Тако би ми се из дана у дан
Јутра претварала у поноћ
Без иједне звезде на видику

ВАТРА

Ја често љубим ватру
Насталу од успомене
На пламен у мојој крви

Деси се и да изгорим
Да бих у белом мраку
Видео Њену живу сенку

А онда се као месечар
Тихо изгубим у пепелу
Рано умрле зелене ноћи

Ја често љубим ватру
Коју је упалило сећање
На никад сванулу зору

НОЋ

Понекад ме пробуди река
И у плићаку кикот Њен дечји
Који је мирисао на мртав сан

Вода је била као од сребра
Док сам иза непробојног
Стакла гледао умирање сунца

Крај мене је жалосна врба
Узалуд заљубљена у месец
Полако остајала без суза

Понекад ме пробуди река
Али ми се у очима наставља
Мокра непрекинута ноћ

ПЕСНИК

За њега два и два су пет
Све реке теку ка извору
А снег веје у бело пролеће

У Њеним устима рађа воће
Што мирише на црвено сунце
И има укус дозрелог лета

У коси јој се гнезде звезде
И претварају се у птице
Које се и у сновима љубе

За њега смрт не постоји
Небо има зелену боју
А стихови су му од камена

ПРАХ

Ако ме видиш под земљом
Препознаћеш ме по осмеху
Који мирише на Твоју крв

И неки раздраган ветар
Помиловаће жути цвет
Осуђен да пева у мом сну

Прићеш ли ми сувише близу
Прогутано слепим погледом
Сунце ће престати да сија

Ако ме видиш под земљом
То сигурно нећу бити ја
Већ сећање претворено у прах

ЖУТИ ЦВЕТ

Давно сам био у њега загледан
Мирисао сам га гладним очима
Спавао ми је на жедним рукама

Љубио ме је у крхким сновима
Због њега сам се будио опијен
Летовима са мртвим птицама

Никад нисам смео да му приђем
Јер сам се плашио црног осмеха
Украшеног утопљеним речима

Сада га се почесто присећам
Док се давим високо високо
У плавој измаглици нестајања

КРАДЉИВАЦ

Ја још миришем Њено име
Иако знам да су све ласте
Заувек отишле из мојих суза

Сан ми је дубок као смрт
Тако да не знам љубим ли је
Или ми се то само причињава

И сва та шарена лепа туга
Носи у себи топлину лета и
Жар у оку једног сунцокрета

Ја још миришем Њено име
И радујем се сваког јутра
Кад песму украдем од сунца

УЉЕЗ II

Ја знам да ово нисам ја
Неки уљез ми се ушуњао
Под кожу и сања моје снове

Љубичасте и понекад плаве
Осунчане смрзнутим месецом
У којима се љуби до балчака

И то баш Она што би ми само
У пролазу подарила осмех
Украшен вештачким цвећем

Ја знам да ово нисам ја
Који је одавно задњу сузу
Због Ње претворио у камен

ЛЕК

Пробудио сам се мртав
И појурио за ишчезлим сном
Који је летео брже од светлости

Све боје онога света
Заспале у једном облаку
Безгласно су водиле љубав

Очима су ми слале пољупце
И звале да им се придружим
У брању лековитог цвећа

Али ја сам хтео да стигнем сан
И да га и мртав миришем
Као једини лек за моју смрт

ПЕСНИКОВ ПОГРЕБ

Кад ме буду затрпавали блатом
Због заласка неутешеног сунца
Заплакаће вечито лепа Жута птица

Сузе ће јој спирати весела киша
Али ће јој нестанак Њеног песника
У очима изазвати провалу облака

А кад се сви најзад буду разишли
Само ће Она као да је сишла с ума
Љубити земљу која ме је загрлила

Кад ме буду затрпавали блатом
Зажалићу што идем у Доњи свет
У коме не могу да користим крила

НЕСАНИЦА

Таман кад је требало да заспиш
Убоде те сећање на пољубац
Који се догодио само у машти

Затим се преврћеш у кревету
А у устима ти се разбашкарио
Укус неубраних шумских јагода

Кроз прозор те гледа пун Месец
И подсећа на давно летовање
Када си љубио зарђалу звезду

Кад се небо претвори у крв
И овлада висок румен мирис
Освоји те танак лелујав сан

Убрзо пијан идеш у нови дан

ЛУТКА

Све је могло бити друкчије
Да је једна крилата лутка
Смела да изађе из излога

Где су је кад је била мала
Закључали празним речима
И кљукали дебелим сновима

Кад јој је рањени облак
Отпевао златну песму
Раширила је сунцобран

Све је могло бити друкчије
Да је давног плавог пролећа
Прогледала слепа птица

ЗЛОЧИН

Заборавили су моје песме
Нема ме на списку путника
За лет на тамну страну Месеца

Неко их је масно слагао
Да пијем само лимунаду
И да ми је кућа на гробљу

Не знају ти дрски брбљивци
Да су ми израсла крила
Украшена шареним мастилом

И да ми се усред црног дана
Љубазно јави Зорњача
И тихо помилује по језику

ТЕСТАМЕНТ

Зелена мокра сећања остављам
Белој голубици која ми је златним
Кљуном ископала невине очи

Моје слане и горке снове
Завештавам Жутом цвету
Чија ће сенка заспати са мном

Мало шашаве песме поклањам
Удружењу веселих мудраца
Да науче таблицу множења

Све ово изјављујем пред
Сва четири шарена ветра
И једним мртвим огледалом

МОЈА ЖЕНА

Само је Она знала да
Имам три руке и да левом
Пишем коцкасте песме

И да из моје свилене главе
Небо никада не излази
Јер у њој станује сунце

Само је Она хтела да чита
Моје изгореле успомене
Написане пре мог рођења

И да са мном у белој ноћи
Посматра зелену звезду
Која ће тек у сну засијати

ПОДЗЕМНО СУНЦЕ

Где је и шта ли ради Она
Чије име сам пре настанка
Света исписивао по води

И због које сам на душак
У друштву живих мртваца
Испијао љуту месечину

Због Ње сам постао песник
Који се као смрзнути лопов
Тихо примиче вечитој ватри

Где је и шта ли ради Она
Која ће као подземно сунце
Грејати моје жуте успомене

ПРИЗНАЊЕ

Признајем да сам луд
И да пијем жуте капљице
Што миришу на Њену косу

И да се будим расејан
У насмејано црно јутро
Унакажен од белог сна

Али у подне дођем к себи
И напишем страшну причу
О сломљеном месецу

Који никад неће престати
Да стиховима милује
Заувек одлетелу звезду

ЛОПОВИ

У медоносном сну љубио сам
Одлетелу голубицу чија крила
Миришу на жуту љубичицу

И која пред свако свитање
За један корак пре Сунца
Засветли у плавом огледалу

Затим сви возови застану
И тихо изговоре Њено име
На језику који знам само ја

И тако из године у годину
Дувају горки зарђали ветрови
И краду ми мртве успомене

ИМЕ

Њено име кријем у песмама
Да не би изашла на зао глас
Како ју је волео слепи ловац

Који је густо насељеном шумом
Уместо с напуњеном пушком
Ишао наоружан само речима

И то оним што заспе на уснама
Увек кад им се укаже прилика
Да звуче као слатка грмљавина

Док се златни облаци гомилају
У мојим ознојеним сновима
Ја се у Њеном имену купам

ЛАСТА

Дуго је стајао на мосту
Хтео је да направи ласту
И да заборави све песме

Које су му лечиле несаницу
И подгревале сећање
На дане кад је био слеп

И примале га у загрљај
Кад га је тресла црвена
Грозница изазвана лудилом

Од скока у незаборав
Спасла га је жута јабука
Која се огледала у реци

СМОКВА

Љубио сам врелу смокву
Од које се смрзава крв
И подрхтава несвестица

А лобања се распрскава
Као кад се умрла звезда
Претвори у црну рупу

И чини се да је ноћ вечна
Јер се сунце скроз истопило
У загрљају јужног ветра

Љубио сам врелу смокву
Све док нисам остао без
Даха а онда сам се пробудио

ДАНИ

Имао сам много мртвих дана
Роде се осунчани и врели
А заврше у леду непостојања

Много су ме мучили умрли дани
Грејао сам их жутим облацима
А они су уживали у Подземљу

Имао сам доста проклетих дана
У којима сам миловао сенке жена
Што су вриштале у мојим сновима

Радовао сам се руменим данима
Када су ме касне зелене зоре
Обасипале плавим сузама

СРЕЋНИК

Ако је грех што је волим
Осудите ме на смрт вешањем
Без исповести пред смакнуће

Ни Бог ни крст ни Писмо
Не могу да замене Њен лик
Што плива у мојој крви

Ако се ни у мокрим сновима
Не сме мирисати Жута Ружа
Нека се одмах угаси Сунце

Кад се пробудим из беле ватре
Препознаће ме као срећника
Који је мртав дочекао смрт

МЕСЕЦ

Све то сад није важно
Волео сам те мало више
Него што би се то смело

Али немој ми узети за зло
Што је небо било шарено
Док сам јурио за тобом

И што ми је плач био румен
Кад се изгубиш у равници
Зеленој као моја туга

Све то сад није важно
Кад сањам како ти месец
Милује и мирише косу

ПУЖ

У очима јој се гнезде звезде
Жена са укусом црвеног меда
Доступног само немим птицама

Мученик који личи на пужа
Ужива само када је гледа
Пре него што се пробуди

И док се златна олуја гаси
Она што му је смрскала сан
Пољубиће нежно санту леда

А он ће негде на крају света
Самом себи ископати очи
И бацити их до умрлог неба

ЛЕТОВАЊЕ (НА МОРУ)

Уживао сам у игри галебова
Изнад намрешкане пучине
И пузању као сир белих лађа

Уморио сам се гледајући
Сунцем опаљене лептирице
Док излазе из сланог загрљаја

Уснули ветар с врхова палми
Хладио ми је врелу замисао
Да се заувек спојим с небом
Које се преселило на дно мора

Како би од шареног слепила
Спасло своје ожеднело жуто око
А онда сам се мртав пробудио

ЗЕМЉОТРЕС

Пепео који се понекад сети
Да је давно био зелена ватра
Настала гутањем црвене змије

Са отровом што има укус смрти
И који залива мокру несаницу
Као што море грли умрлу реку

Али сладак је тај мирис неба
Који очас опије невине птице
И у сваку крошњу усели сунце

Баш је чудна та остарела крв
Живи од сећања на земљотрес
У којем је преживео само сан

ОТАЦ

Често ме у стакленим ноћима
Кад је небо у сну наранџасто
Пробуди врисак нерођеног дана

Окупан сузама као зрацима сунца
Хтео би да заспи у мом наручју
Не знајући да сам одавно мртав

И да је жива моја слепа сенка
Која је некад плачући певала
Тихом белом осмеху са месеца

Ако се деси да поново заспим
Све до црног свитања сањам
Једно мало румено јутро

РАСТАНАК

Тог дана је плакао ветар
Један слепи зелени облак
Није успео да сакрије сузе

И све је гутала црвена ноћ
А рањена и невина ватра
У сну је грлила сунцокрет

И чежња и жеља и пољубац
Намах је све то постало смрт
Све осим сећања на умирање

Тог дана је плакао ветар
Док се у веселом Подземљу
Славила појава живе звезде

ГОРАК ВЕТАР

РАВНИЦА

У Равници сам закопао врелу
Младост чији је смисао био
Да буде сведок при смаку света

Над бескрајним пољем плавог
Жита лебди моја црвена сенка
Упокојена на дан свог рођења

Ту сам једног смрзнутог пролећа
Узалуд трчао за ватреним ветром
Који је сагорео сву моју голу крв

Сада док тонем у црни сутон
Равница је још на истом месту
И сећа се мог руменог слепила

ЛЕПЕЗА

Ветар се играо с њеном
Косом и певао јој је песму
О морнару заспалом у мом сну

Свако вече сам јој уз букет суза
Доносио сладолед од месеца
Који је мирисао на стару кишу

Живела је у Ботаничкој башти
Дивиле су јој се шарене птице
Окупане зрацима зеленог сунца

На сваком растанку Она би
Лице заклањала лепезом
А ја бих себи пуцао у главу

УТВАРА

Ноћу пољубим сећање на Њу
Она се тада нађе поред мене
И почне да ме милује очима

Које су давно биле пуне мојих
Суза што су мирисале на тугу
И имале укус покислих речи

Много је слатка горка утвара
Која се јавља усред несанице
Да замени умрле плаве снове

Ноћу пољубим сећање на Њу
Али кад ме поздрави Зорњача
Полако почињем да умирем

JA

Нисам ја угрушак крви у глави
Настао док је умирала ноћ
У великој белој соби

Нисам ни рупа у шареној шуми
У коју се упада када се пође
На извор сребрне воде

Ја сам прегршт прочитаних
Књига и написаних песама
О небу кад се заплави

Али требало је имати Срце
Да би се заволела птица
Која облацима краде кишу

СТАКЛЕНИ САН

Ти си сада срећна крај мора
Из боровог честара иза обале
Гледаш шестарење галебова

Машеш морнарима на броду
Који ко зна откад нису љубили
Усне са укусом невине смокве

Ветар се игра с твојом косом
А сунце те гледа кроз дурбин
И купа се у твојим погледима

Ипак повремено те тихо мучи
Сећање на зрелу жуту равницу
У којој спава један стаклени сан

ОСУЂЕНИК

Цео живот провео сам мртав
И као пре него што сам рођен
Уживао сам у помрачењу сунца

Кад је цвеће пило црвену кишу
Ја сам у једној зеленој пустињи
Узалудно тражио рудник злата

Док ме је тресла луда грозница
И док сам ронио у слатком зноју
Ветар пун ватре украо ми је очи

Цео живот провео сам мртав
Зато што сам своју прву зору
Дочекао као осуђеник на смрт

НЕСТАЈАЊЕ

Чај од сунца и млеко
Од мале зелене звезде
Били су ми лек за смрт

То сам видео у Њеним
Очима када сам једног
Невиног пролећа умирао

У нападу плавог слепила
И кад сам као луд облак
Лебдео кроз Подземље

Сва лепота нестајања
Уселила се у моју крв
И пропевала као јесен

ЖИВИ КАМЕН

Два пута сам био мртав
Али ме нису уземљили јер
Су ми речи мирисале на живот

Глас ми се чуо до небеса
Па су неке беле пијане птице
Решиле да ми подигну споменик

То се ипак није догодило
Зато што завидљиве змије
Ноћу нису сањале шарене снове

И тако сам наставио да певам
Све док се једног одвећ жутог дана
Нисам претворио у живи камен

МАГЛА

Сећам се тог смака света
Све је постало бела ватра
А ја задобих црвену рану

Плакао сам у хору са мртвим
Птицама које нису могле
Да преболе залазак сунца

Смрзнути зелени ветар
Једва је задржавао сузе
У којима је спавао мрак

Често сањам то црно пролеће
Кад сам полако умирао гледајући
Како одлазиш у маглу сећања

СТРАСТ

Лизао сам јој стопала и
Грицкао прсте на ногама
У мислима мојим врелим

Уживао сам у њеним крицима
Изазваним слатким боловима
И речима намах полуделим

Из груди белих као месечина
Вадио сам јој живо сребро
Да бих ноћ претворио у вечност

Кад ме је најзад издао уздах
Између крвавих колена
Посадио сам јој умрлу ружу

ЉУБИМАЦ

Кад чујем бат Њених чизама
Усред смрзнутог белог дана
Спопадне ме сунчаница

Кад Она замахне бичем
Све звезде као по команди
Сјуре се низ моја леђа

Као послушан кућни љубимац
Кад год се то Њој прохте
Увек је одведем на небо

И немам разлога да се жалим
Јер после сваке такве шетње
Никад нисам остао без костију

ВЛАДАН ЈОВАНОВИЋ

СЛЕПА ПТИЦА

Беше то неко чудно пролеће
Дани су дужали као болест
Слепе црвене птице у мени

И ветар је видео да из мојих
Очију извире гнојава река
Која је јурила у зелено море

Облаци су ме тешили кад су се
Уверили да ми је изгорео сан
О једној неухватљивој звезди

Беше то неко лудо пролеће
Оно никада неће прохујати
А слепа птица отада не лети

МИРИС

Она није знала да сам ја
У нападу лудила у кревету
Уместо њеног ока љубио месец

И да сам смрзнут од бола
У врелој црвеној ноћи
Спавао са вештицом

Она не зна да се уплашим
Кад ме пробуди плач детета
Које се никад неће родити

Њена зелена коса
Мирисала је на залазак
Сунца у бескрајној равници

ЖИВОТ

Живот је сећање на смрт
Изазвану црвеном глађу
И падом при узлету плаве птице

Тек кад се човек пробуди
И спозна да је скроз слеп
Види да му је змија украла дан

Снови су једина стварност
У којој сунце не прекида врисак
Иако никад није ни љубило

Смрт је сећање на живот и
На љубав која се није родила
Јер је ватра прогутала речи

ГОРАК ВЕТАР

СТРЕЉАЊЕ

Кад ми је казала да сам луд
Нисам на то обраћао пажњу
Јер сам се спремао за умирање

Били смо сами тог зеленог дана
Када је трава грлила маслачак и
Кад сам већ мртав пошао у смрт

Стрељала ме је тихо и нежно
Тако да су се једва чули пуцњи
Из Њених очију пуних барута

Јуначки сам отишао из света
У којем се само дрском цвећу
Испуњавају измаштани снови

ЏЕЛАТ

Пре него што угледах свет
Тихо сам био осуђен на смрт
Без права на помиловање

За џелата ми одредише
Птичицу коју сам пољубио
У око кад ме је ујела за срце

Још се сећам тог тренутка
Хтела је да ме загрли мртвог
Али није смела од црних звезда

И сад је почесто сањам
Како украшена мојим болом
Тугује за угашеним сунцем

УШИ

Био бих јој одано кученце
Језиком бих јој шарао по телу
Док јој глава не одлети на небо

Мирисао бих њену мокру
Ружу тај златни извор живота
И сунце заустављено у подне

Шапутао бих јој речи мекше
Од памука и луђе од лудила
Изазваног свануђем у поноћ

И свашта бих јој још радио
Само да је она имала уши
Да уместо врапца чују славуја

СЕЋАЊЕ НА С.Ђ. II

Никад је нисам пољубио
Ал ми је неумрла жеља да
Заливам ружу у њеним устима

И да јој у дугим белим ноћима
Обасјаним златном месечином
Миришем слатку риђу косу

А кад се мртав из врелог сна
Пробудим прво да угледам
Моје сунце међу облацима

И кад време постане вечност
А свет буде био црна прашина
Светлеће једна црвена жеља

НОЋ

Она спава у мојим очима и
Купа ми се у сањарењима
Обнажена и бела као снег

Као откинуто парче неба
Са украденим зраком Сунца
Она се топи у мом пољупцу

Не раздвајају нас ноћ и црна
Месечина јер заједно пишемо
Причу о слепим облацима

Кад стигнемо до лепог лудила
Као двоје заспалих мртваца
Уживамо у умирању звезда

ОТРОВ

Њене речи су отров
Упакован у сладак мрак
И осветљавају мртав сан

Изоштрене као стрела
И окићене ливадским
Цвећем миришу на смрт

И као слатка грмљавина
Пред невину црвену кишу
Отровале су цео свемир

Само је један рањен витез
Сузама које се никад не суше
Оплакивао изгубљену битку

РИЂОКОСА

О Риђокоса заборави ми име
Ал запамти мој врео пољубац
Који сам ти кришом наменио

Кад си иза свиленог принца
На црвеном коњу одјахала
На дно црног мртвог језера

О Риђокоса ти никад нећеш
Знати колика је туга на небу
Када се гасе зелене звезде

И сад кад више нема пролећа
И кад су ми очи од белог стакла
Ја видим твоје шарено слепило

УТЕХА

Осуђен сам да пишем
Песме о црвеном сунцу
Утопљеном у зеленом мору

И о једном жутом цвету
Који ноћу заливам сузама
А дању милујем сновима

Кад ми у посету дође ветар
Седнемо на стари облак
И причамо о умрлој зори

И тако он мене утеши
Да нису баш све звезде
При рађању добиле очи

ЈЕСЕН

Модра госпођа туга
Увукла нам се под кожу
И једе нам танке успомене

Полако краде наше жуте
Снове одсањане у подне
Кад смо грлили бели месец

Сад се будимо покисли
И у дан улазимо невесели
Као да нас воде на вешање

Увек када стигне јесен
Старе невидљиве сузе
Опијају умрле песнике

ГОЛУБИЦА

Кад сам је угледао
Сијала су два сунца
Једно је било у Њеној коси

Умрле птице су васкрсле
Да би отпевале песму
О дотад невиђеној лепоти

Док сам гледао Голубицу
Обучену у венчаницу
Ослепео сам од страха

Са сновима у облацима
И мислима у Подземљу
Престао сам да постојим

ОДБЕГЛА ПТИЦА

Не нисам ја био скроз при
Себи док сам јурио за Њом
Као за отровном утваром

И то проклето жуто пролеће
Било је болесно од привиђења
Које мрви Песникову душу

И сенка моје сенке љубила је
Њена сребрна стопала умочена
У моју горку омађијану крв

Речи што су изгореле у мени
Опет би кад би изашле из песме
Летеле за том одбеглом Птицом

ЗРАК

Нисам за њом јурио ја
Већ зелени сунчев зрак
Занемео и нагло ослепео

Само је могао да види Њу
И да ужива бројећи у себи
Њене меке и вреле кораке

Кад би је изгубио из вида
Наставио би да је гледа
И да сања у белом мраку

Сунце одавно више не излази
Али остарели зелени зрак
И даље зури у румени облак

ГОРАК ВЕТАР

Љубиће Она мене у пету
Кад се кртице буду сладиле
Грицкајући моје стихове

Кад сунце зађе под земљу
Она ће наглас читати песму
О коси што има мирис јутра

И сањаће о лудом летовању
Кад сам плесао са Зорњачом
Али ће јој сан бити од стакла

Горак ветар ће јој шапутати
Он је био твој песник а сад
Из његових уста расте трава

Тек тада ће Она заплакати

БОЛЕСТ

Сви људи су болесни
Од једне ретке болести
Која се зове живот

Неко се лечи илузијом
Да сунце има плаву боју
И да ишчупан цвет мирише

Неко узалуд залива снове
У нади да ће у жутом јутру
Пољубити млад месец

Најбоље је оним птицама
Које су рођене без крила
Па никад не могу да падну

Живот је најлепша болест

БЕЛЕШКА О ПЕСНИКУ

Владан Д. Јовановић рођен је 1959. године у Чачку. До 1970. год. живео је у Мрчајевцима. Те године се преселио у Чачак, где и данас живи. Завршио је Медицински факултет у Београду. Осим поезије, пише приче и мемоарску прозу.

САДРЖАЈ

ПРИЧА..........................1

КЛУПА У ПАРКУ..........................2

ЗВЕР..........................3

СПОЈ..........................4

ГАЛЕБ..........................5

РЕВОЛТ..........................6

ЉУБОМОРА..........................7

ПЛИВАЧИЦА..........................8

МАШТА..........................9

ЗАГРЉАЈ..........................10

СЛЕПАЦ..........................11

МРАК..........................12

САВЕТ..........................13

ЗЛАТНО ДОБА..........................14

МРЧАЈЕВЦИ..........................15

РАСПЛЕТ..........................16

ЧУДНА ЗЕМЉА..........................17

УДВАРАЊЕ..........................18

МРТВА ЉУВАВ..........................19

ЗГАРИШТЕ..........................20

СЛЕПАЦ..........................21

САДРЖАЈ

ГОЛИ ЖИВОТ..........................22
ЗАНОС..........................23
ВЕВЕРИЦА..........................24
ВАЈАРКА..........................25
ЛОВАЦ..........................26
РАНА..........................27
МАЧКА..........................28
ЗМИЈА..........................29
ГОРАК ПОЉУБАЦ..........................30
ЦВЕТ..........................31
ПОЉУБАЦ..........................32
УЉЕЗ..........................33
ЦРНА КУТИЈА..........................34
ЛЕЛЕК..........................35
УСУД..........................36
СЕЋАЊЕ..........................37
КЛОВН..........................38
БРОД..........................39
СЛЕПАЦ..........................40
СЕЋАЊЕ НА С.Ћ. 41
ГРЕХ..........................42
ЕКСПЛОЗИЈА..........................43
АМАНЕТ..........................44
ГРОМ..........................45
ЗЕМЉОТРЕС..........................46
ЗОМБИ..........................47
СУДБИНА..........................48
ВАТРА..........................49
НОЋ..........................50

САДРЖАЈ

ПЕСНИК..........51
ПРАХ..........52
ЖУТИ ЦВЕТ..........53
КРАДЉИВАЦ..........54
УЉЕЗ II..........55
ЛЕК..........56
ПЕСНИКОВ ПОГРЕБ..........57
НЕСАНИЦА..........58
ЛУТКА..........59
ЗЛОЧИН..........60
ТЕСТАМЕНТ..........61
МОЈА ЖЕНА..........62
ПОДЗЕМНО СУНЦЕ..........63
ПРИЗНАЊЕ..........64
ЛОПОВИ..........65
ИМЕ..........66
ЛАСТА..........67
СМОКВА..........68
ДАНИ..........69
СРЕЋНИК..........70
МЕСЕЦ..........71
ПУЖ..........72
ЛЕТОВАЊЕ (НА МОРУ)..........73
ЗЕМЉОТРЕС..........74
ОТАЦ..........75
РАСТАНАК..........76
РАВНИЦА..........77
ЛЕПЕЗА..........78
УТВАРА..........79

САДРЖАЈ

ЈА 80
СТАКЛЕНИ САН 81
ОСУЂЕНИК 82
НЕСТАЈАЊЕ 83
ЖИВИ КАМЕН 84
МАГЛА 85
СТРАСТ 86
ЉУБИМАЦ 87
СЛЕПА ПТИЦА 88
МИРИС 89
ЖИВОТ 90
СТРЕЉАЊЕ 91
ЏЕЛАТ 92
УШИ 93
СЕЋАЊЕ НА С.Ђ. II 94
НОЋ 95
ОТРОВ 96
РИЂОКОСА 97
УТЕХА 98
ЈЕСЕН 99
ГОЛУБИЦА 100
ОДБЕГЛА ПТИЦА 101
ЗРАК 102
ГОРАК ВЕТАР 103
БОЛЕСТ 104

БЕЛЕШКА О ПЕСНИКУ 105

Владан Јовановић
ГОРАК ВЕТАР

Лондон, 2024

Издавач
Globland Books
27 Old Gloucester Street
London, WC1N 3AX
United Kingdom
www.globlandbooks.com
info@globlandbooks.com

Насловна фотографија
Dimitris Vetsikas
(https://pixabay.com/photos/
tree-beach-sea-nature-wind-4031546/)